차례

- 삐오를 소개합니다 ··· 4p
- 삐오를 살펴봅시다 ··· 5p
- 충전해 봅시다 ··· 6p
- 전원을 켜고 꺼 봅시다 ··· 7p
- 명령어 버튼을 살펴봅시다 ··· 8p
- 삐오를 작동해 봅시다 ··· 9p
- 어떻게 코딩할까요 ··· 10p
- 명령어를 알아봅시다 앞으로 가기 ··· 11p
- 명령어를 알아봅시다 뒤로 가기 ··· 13p
- 명령어를 알아봅시다 왼쪽으로 가기 ··· 15p
- 명령어를 알아봅시다 오른쪽으로 가기 ··· 17p
- 명령어를 알아봅시다 행동하기 ··· 19p
- 명령어를 알아봅시다 삭제하기 ··· 21p
- 명령어를 알아봅시다 반복하기 ··· 23p
- 도전해 봐요! Level 1 ··· 25p
- 도전해 봐요! Level 2 ··· 27p
- 도전해 봐요! Level 3 ··· 29p

☀ 부록 코딩용 맵 ··· 바다 맵 / 과일 맵

삐오와 함께 코딩하기 전에 약속해요!

1. 내 삐오 로봇과 교재를 스스로 챙기기
2. 코딩하기 전에 삐오 로봇을 충전하기 (6p 따라 하기)
3. 코딩할 때는 주어진 문제를 꼼꼼하게 읽고, 충분히 생각하기
4. 내가 코딩할 명령어 순서를 글로 써 본 다음에 코딩하기
5. 부모님께 내가 한 코딩을 말씀드리며 자랑하기
6. 삐오 로봇을 사용하지 않을 때는 전원을 꺼 놓기

잠깐, 주의 사항을 기억해요!

1. 삐오 로봇을 바닥에 떨어뜨리거나 발로 밟지 말기

2. 손을 사용하여 삐오 로봇의 머리와 몸통을 강제로 비틀지 말기

3. 제품 박스나 교재의 종이에 손을 베이지 않도록 주의하기

내 삐오 로봇이 파손되지 않게 소중하게 다루어 주세요.

삐오를 소개합니다

↗ 삐오

안녕! 내 이름은 삐오야!
나와 함께 생각을 쑥쑥 키우는
코딩을 시작해 보자!

말해봅시다

1 삐오를 만난 기분이 어떤가요?

2 삐오와 무엇을 하고 싶나요?

코딩이란
내가 생각한 대로 로봇을 작동하게 하는 명령을 만드는 것이에요.

충전해 봅시다

① **충전단자**를 찾아보세요.

USB-C 충전단자

찾았다!

② **충전 케이블**을 연결하세요.

제품에 구성된 충전 케이블을 USB-C 충전단자에 연결하세요. 충전 어댑터는 별도로 준비를 하셔야 해요(KC 인증을 받은 5V 권장).

③ **충전**이 되는지 확인하세요.

배터리 표시등

충전이 시작되면 배터리 표시등에 빨간색 불이 켜져요. 충전이 끝나면 빨간색 불은 꺼져요.

참 잘했어요!

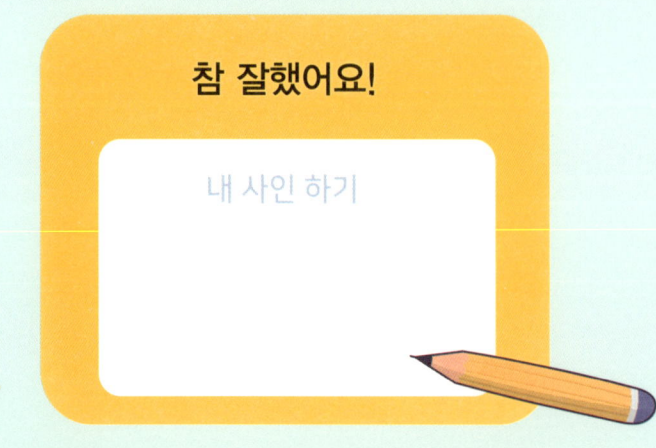

내 사인 하기

순서대로 잘 따라 했다면 오른쪽 빈칸에 내 사인을 하세요.

전원을 켜고 꺼봅시다

① **전원 버튼**을 찾아보세요.

② **전원**을 켜보세요.

전원 버튼을 짧게 누르세요. 삐(시작음) 소리와 함께 양쪽 눈 LED에 여러 가지 색 불이 깜박여요.

③ **전원**을 꺼보세요.

전원 버튼을 길게 누르세요. 삐(종료음) 소리와 함께 양쪽 눈 LED가 꺼져요.

찾았다!

순서대로 잘 따라 했다면 오른쪽 빈칸에 내 사인을 하세요.

참 잘했어요!

내 사인 하기

명령어 버튼을 살펴봅시다

따라 해보요!

삐오를 작동하게 하는 여러 가지 **명령어 버튼**을 살펴보자!

① 아래 그림과 같은 버튼을 내 삐오에게서 찾아보세요.

전원	앞으로 가기	행동하기
왼쪽으로 가기	실행하기	오른쪽으로 가기
반복하기	뒤로 가기	삭제하기

② 삐오의 전원을 켜고 끌 때는 어떤 버튼이 필요할까요?

삐오를 작동해 봅시다

○ 아래 그림대로 버튼을 눌러 삐오를 작동하세요. 작동이 끝나면 전원을 끄세요.

①

②

③

④

전원을 켜고, 명령어 버튼을 누르면 양쪽 눈 LED에 명령어 버튼과 같은 색 불이 켜져요.

삐오가 작동될 때도 양쪽 눈 LED에 명령어 버튼과 같은 색 불이 켜져요.

참 잘했어요!

내 사인 하기

모두 잘 따라 했다면 오른쪽 빈칸에 내 사인을 하세요.

어떻게 코딩할까요

이렇게 해봅시다

삐오를 작동하는 코딩을 하려면 삐오가 알 수 있는 **명령어**를 생각하고 입력해야 해요. 윗면의 명령어 버튼을 누르면 삐오에게 명령어가 입력돼요.

차근차근 생각하고 삐오와 재미있게 코딩해 봅시다.

코딩을 할 때는 주어진 문제를 꼼꼼하게 읽고

필요한 명령어를 충분히 생각하세요.

생각한 명령어를 순서대로 종이에 쓰세요.

로봇의 전원을 끈 채로 손에 쥐고 명령어대로 움직여보세요.

전원을 켜고 버튼을 눌러 코딩하고 로봇을 작동하세요.

명령어를 알아봅시다

앞으로 가기

○ 삐오를 앞으로 가게 해요.

○ 이 버튼을 한 번 누르면 삐오가 앞으로 한 칸 가요.

퀴즈 삐오를 초록 별이 있는 칸으로 가게 할 방법은?

  →  →

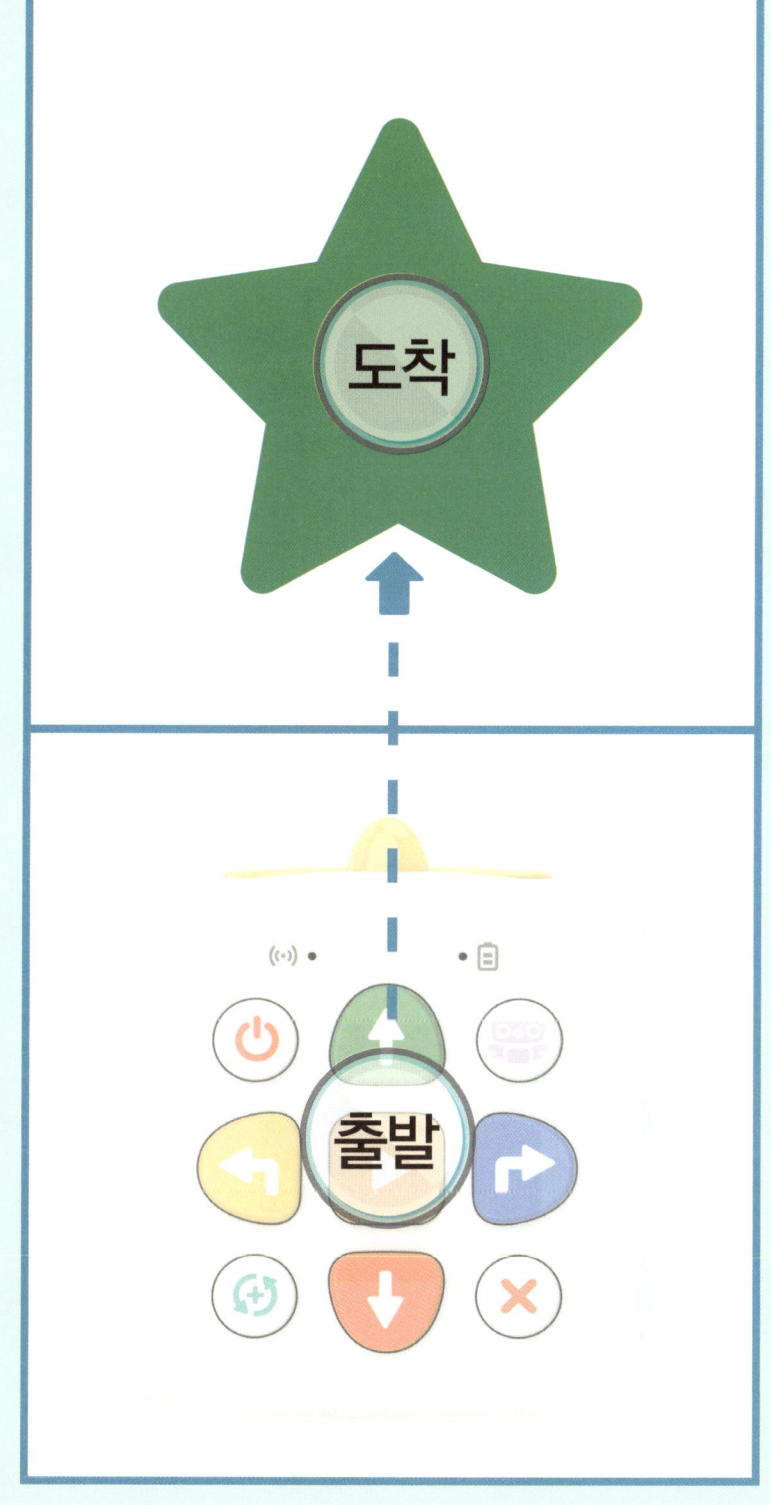

 삐오를 위 그림처럼 출발에 놓고 별 모양이 있는 칸으로 가게 하세요.

친구를 만나러 가요

삐오를 출발에 놓고 친구가 있는 칸까지 앞으로 가게 하세요.

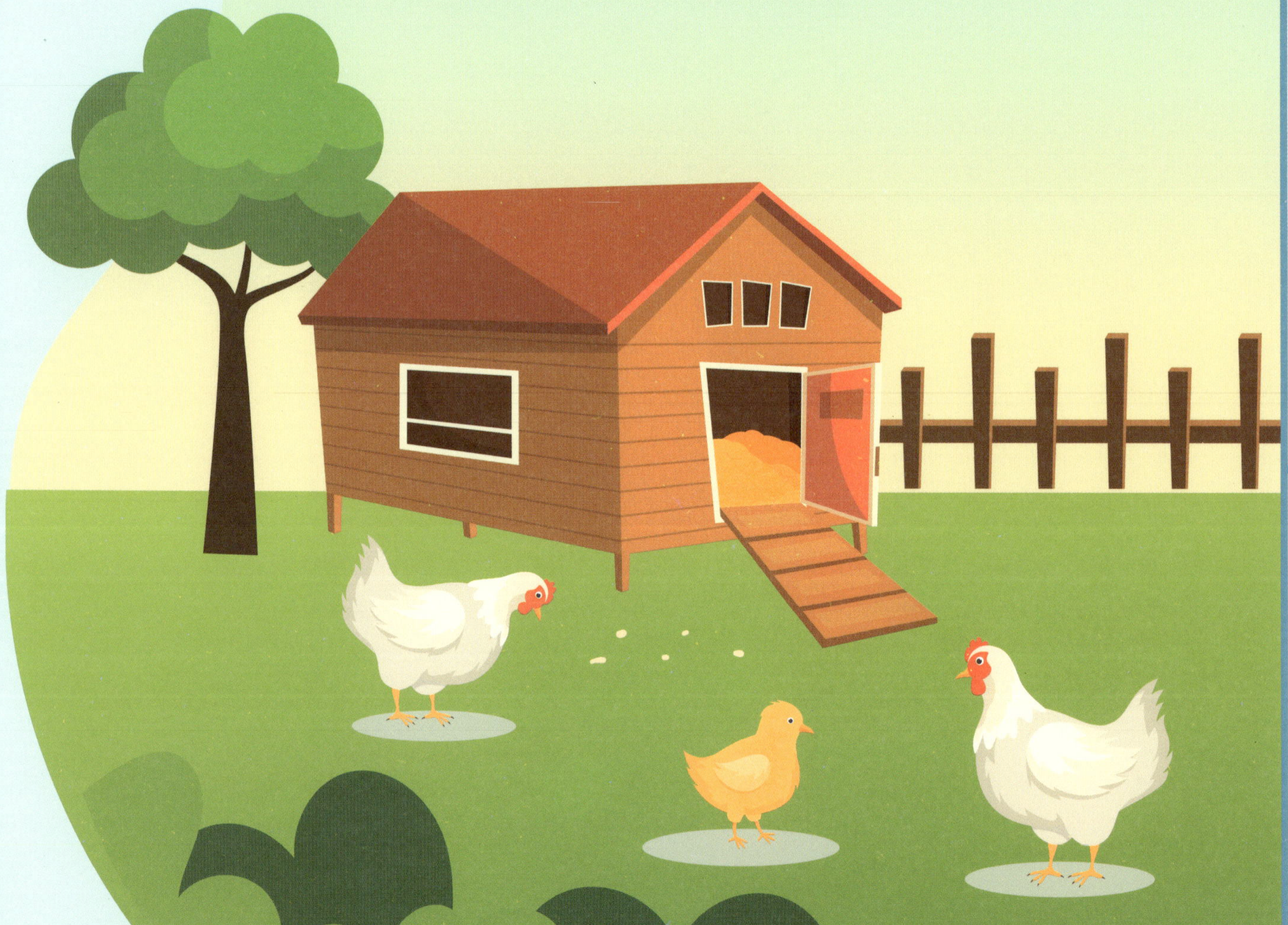

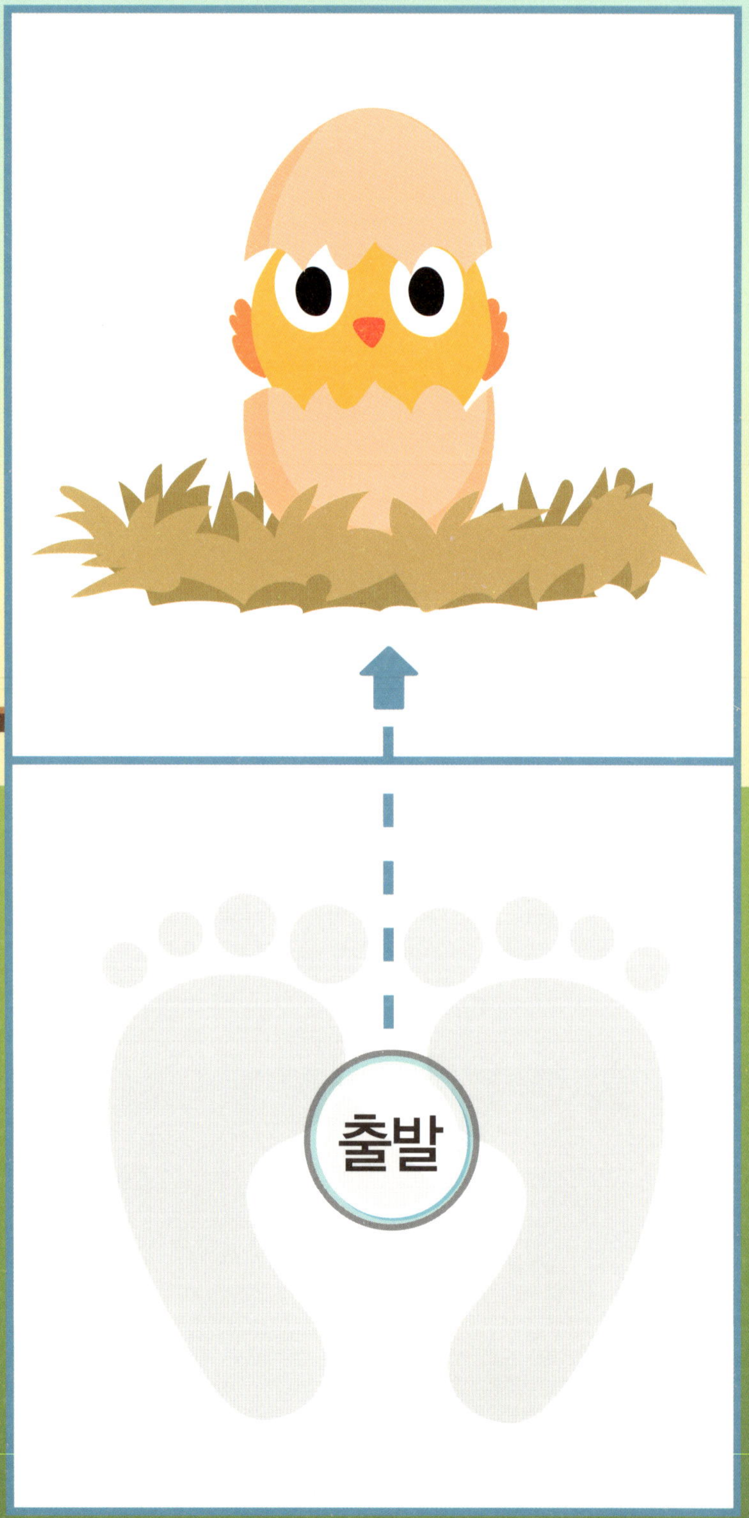

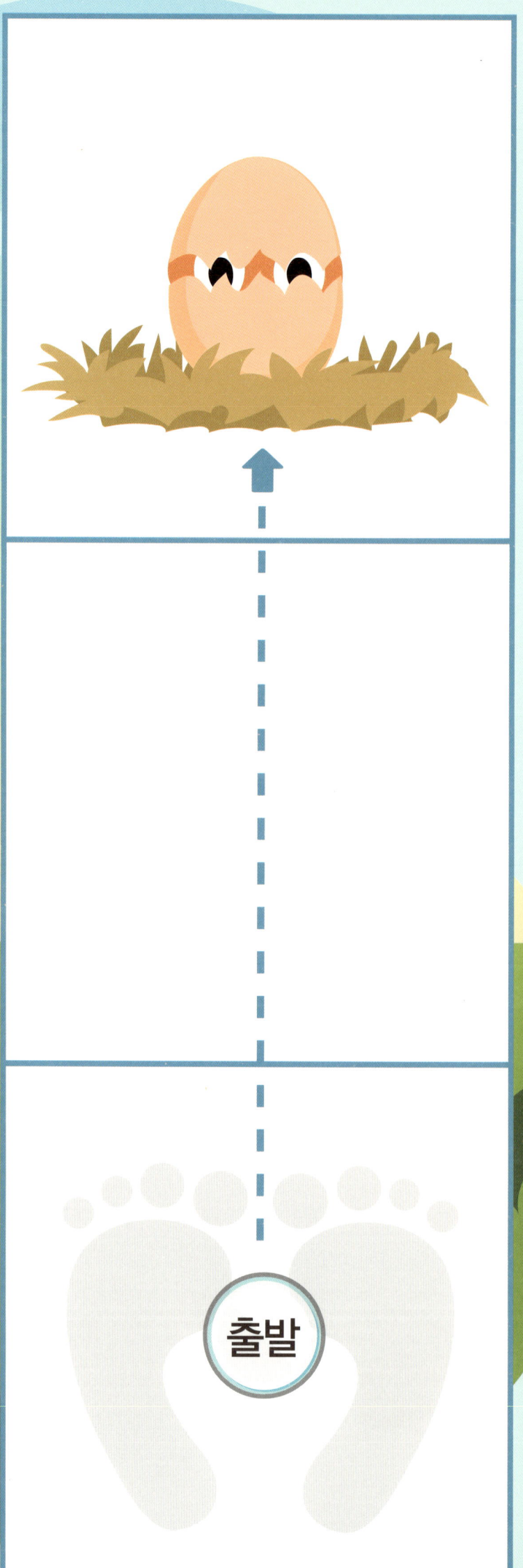

명령어를 알아봅시다

뒤로 가기

○ 삐오를 뒤로 가게 해요.
○ 이 버튼을 한 번 누르면 삐오가 뒤로 한 칸 가요.

퀴즈 삐오를 빨간 별이 있는 칸으로 가게 할 방법은? 힌트

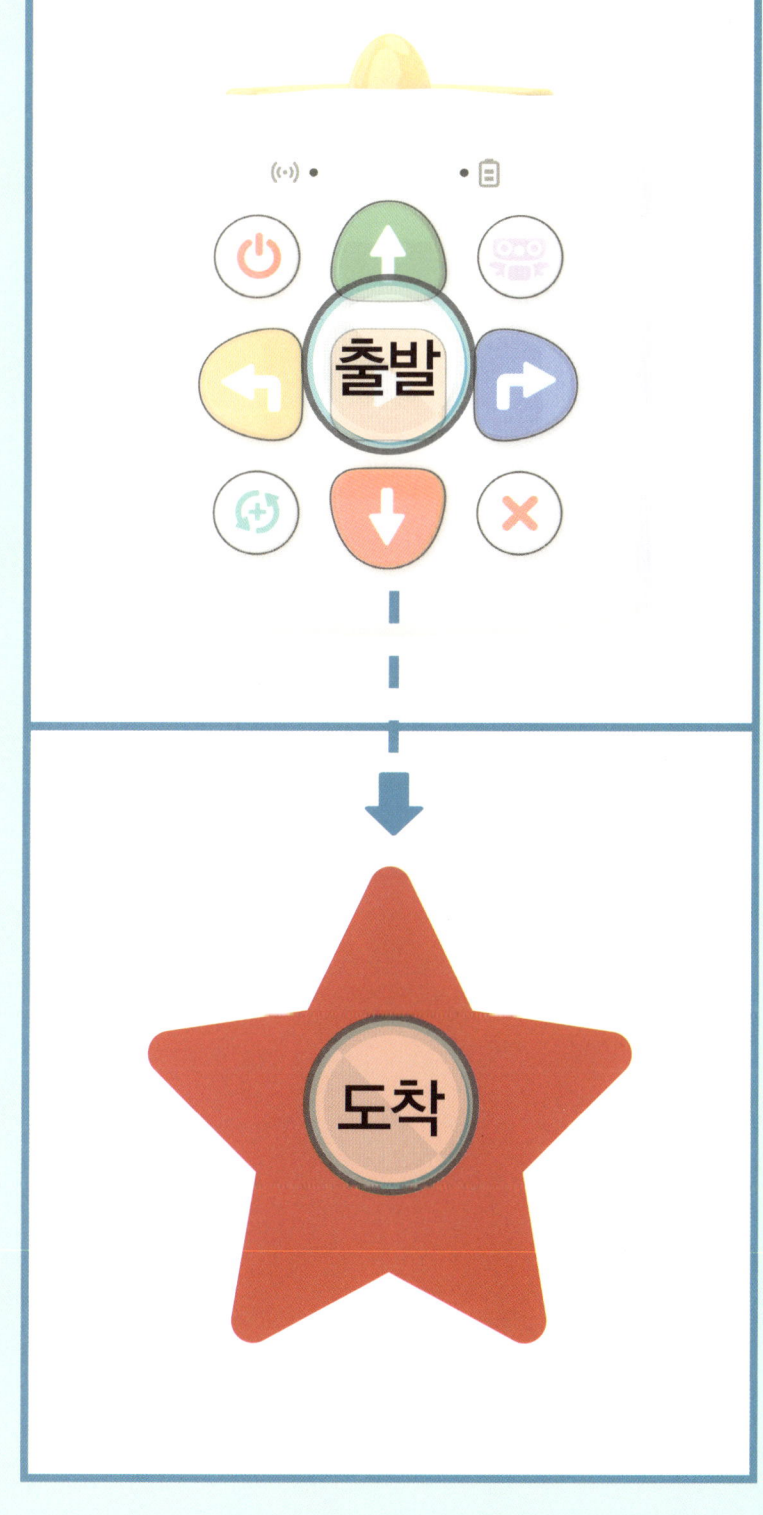

 삐오를 위 그림처럼 출발에 놓고 별 모양이 있는 칸으로 가게 하세요.

책을 가지러 가요

삐오를 출발에 놓고 책이 있는 칸까지 뒤로 가게 하세요.

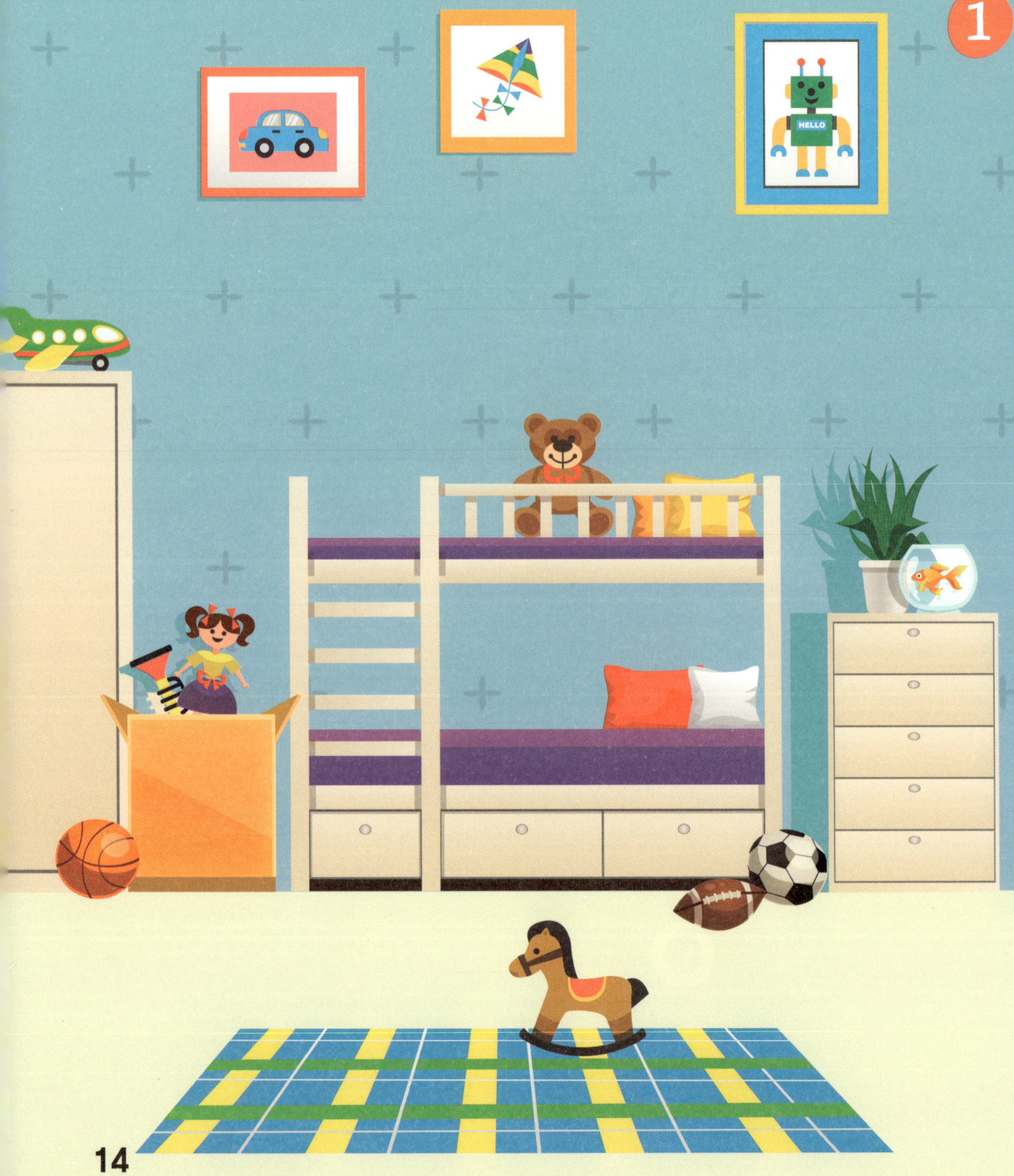

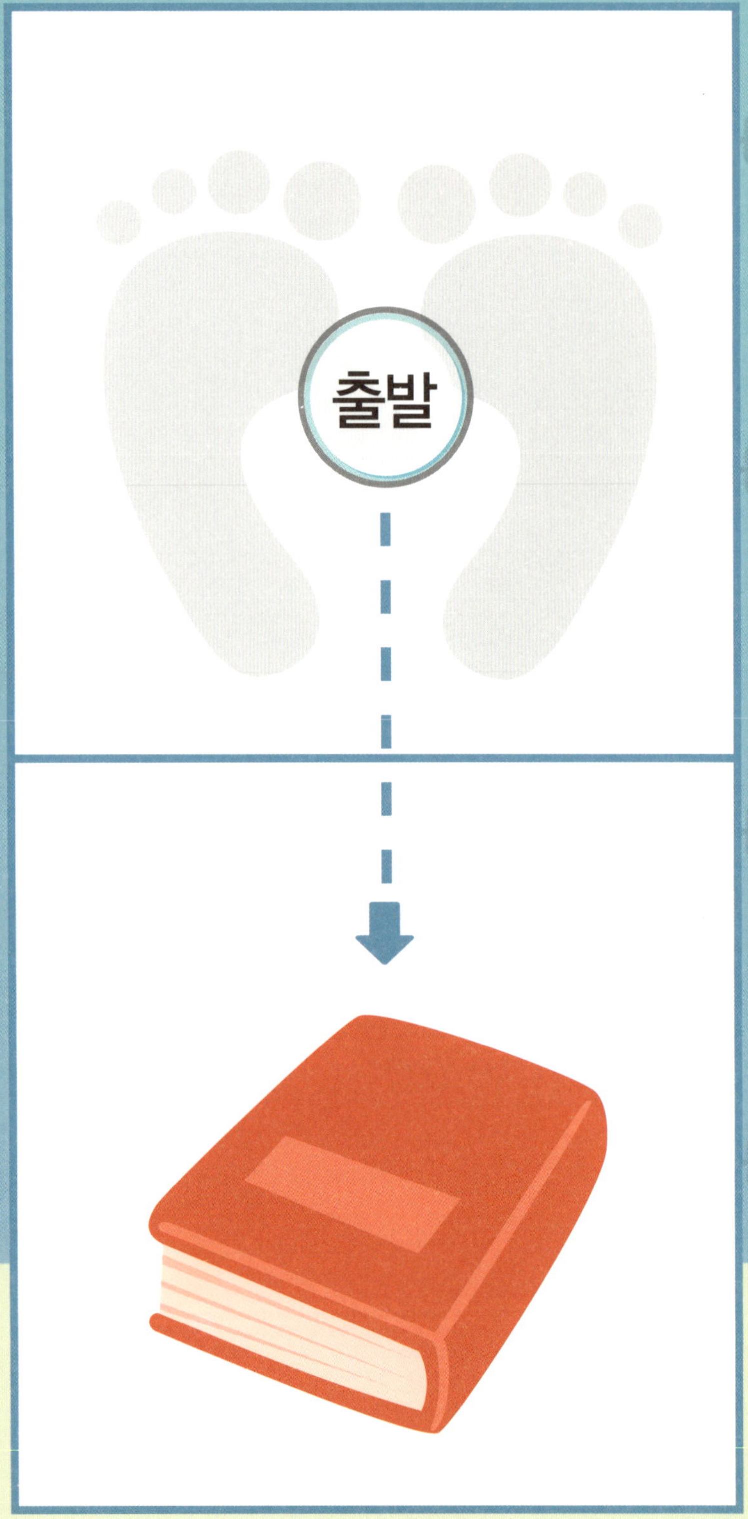

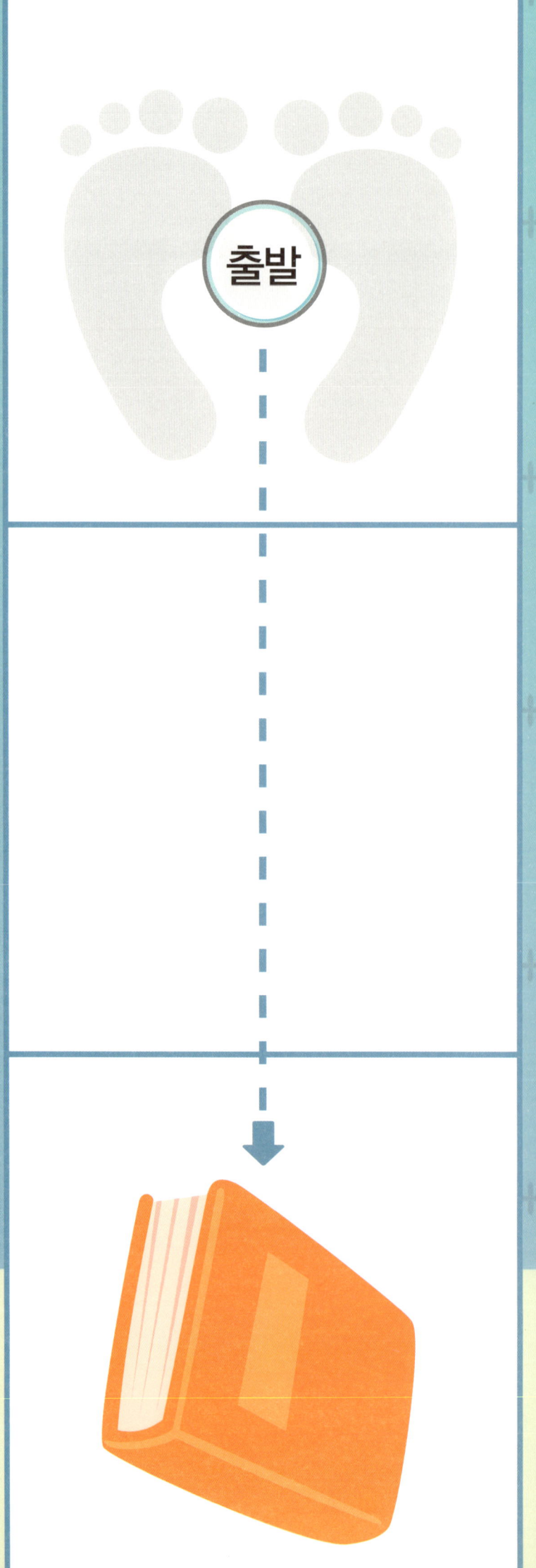

명령어를 알아봅시다

왼쪽으로 가기

○ 삐오가 왼쪽으로 돌아서 앞으로 가게 해요.
○ 이 버튼을 한 번 누르면 삐오가 머리와 몸통을 왼쪽으로 돌리고 앞으로 한 칸 가요.

퀴즈 삐오를 노란 별이 있는 칸으로 가게 할 방법은?

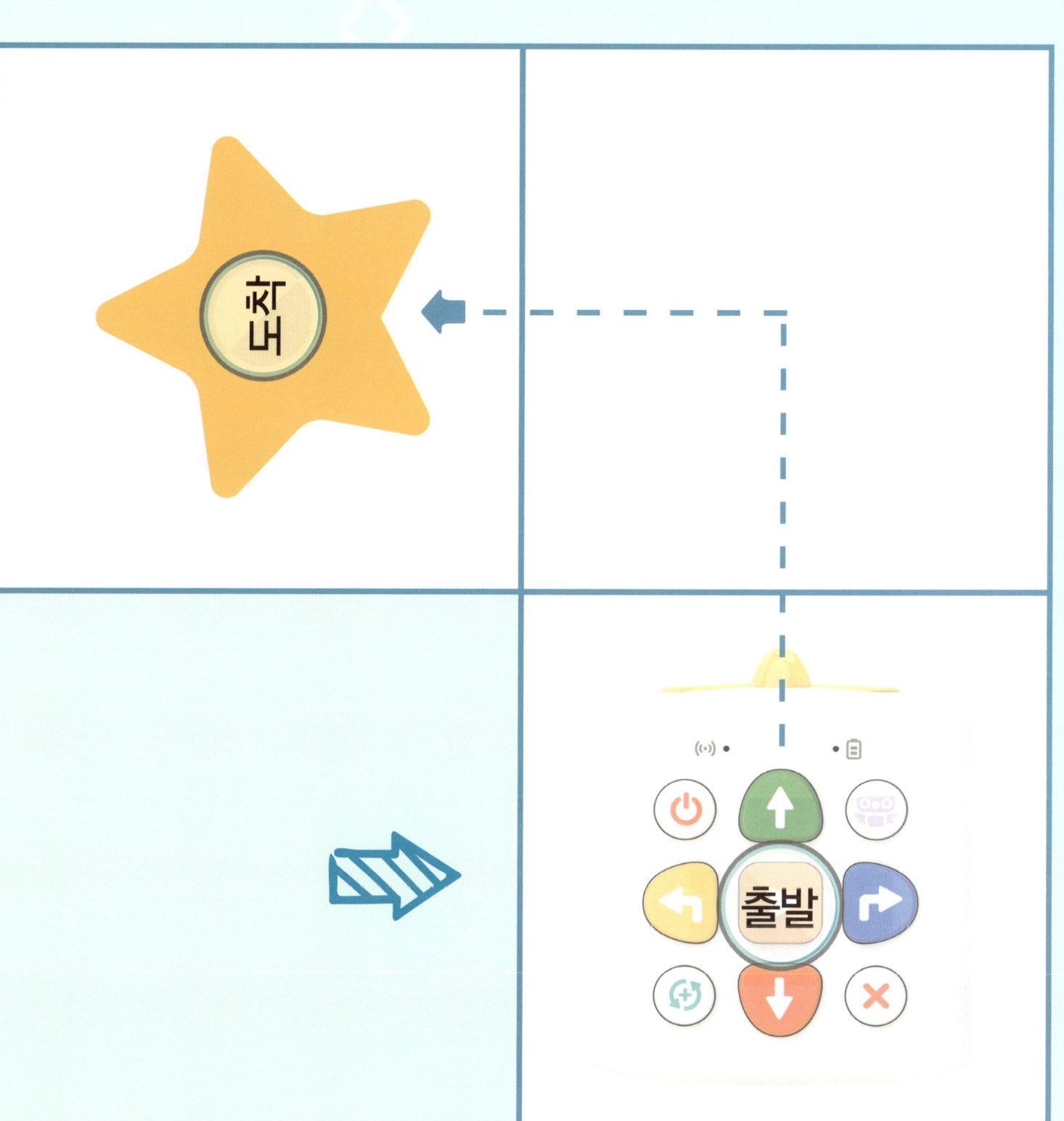

 삐오를 위 그림처럼 출발에 놓고 별 모양이 있는 칸으로 가게 하세요.

쇼핑 카트가 필요해요

삐오를 출발에 놓고 쇼핑 카트가 있는 칸으로 가게 하세요.

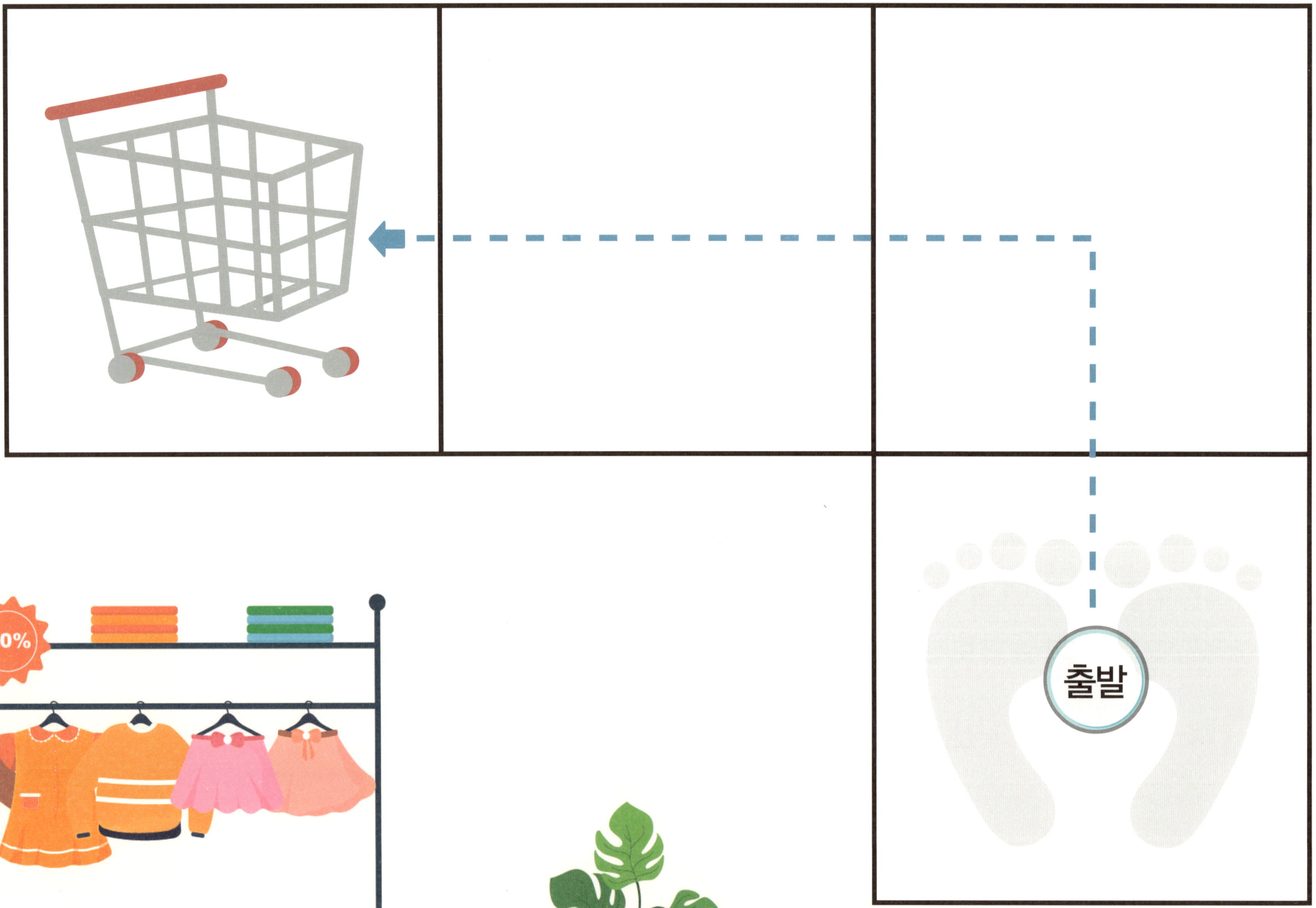

명령어를 알아봅시다

오른쪽으로 가기

○ 삐오가 오른쪽으로 돌아서 앞으로 가게 해요.

○ 이 버튼을 한 번 누르면 삐오가 머리와 몸통을 오른쪽으로 돌리고 앞으로 한 칸 가요.

퀴즈 삐오를 파란 별이 있는 칸으로 가게 할 방법은? **힌트**

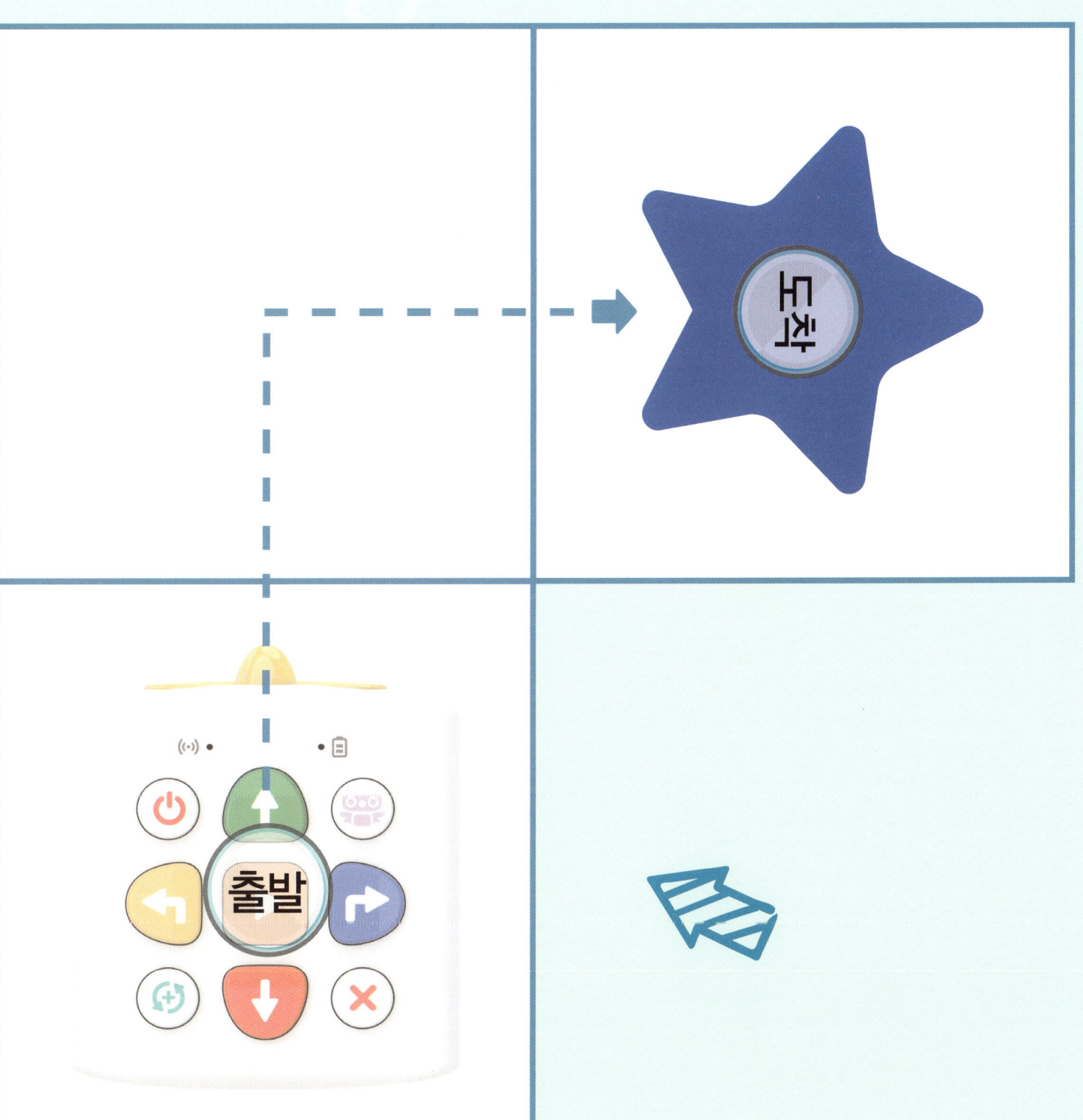

 삐오를 위 그림처럼 출발에 놓고 별 모양이 있는 칸으로 가게 하세요.

명령어를 알아봅시다

행동하기

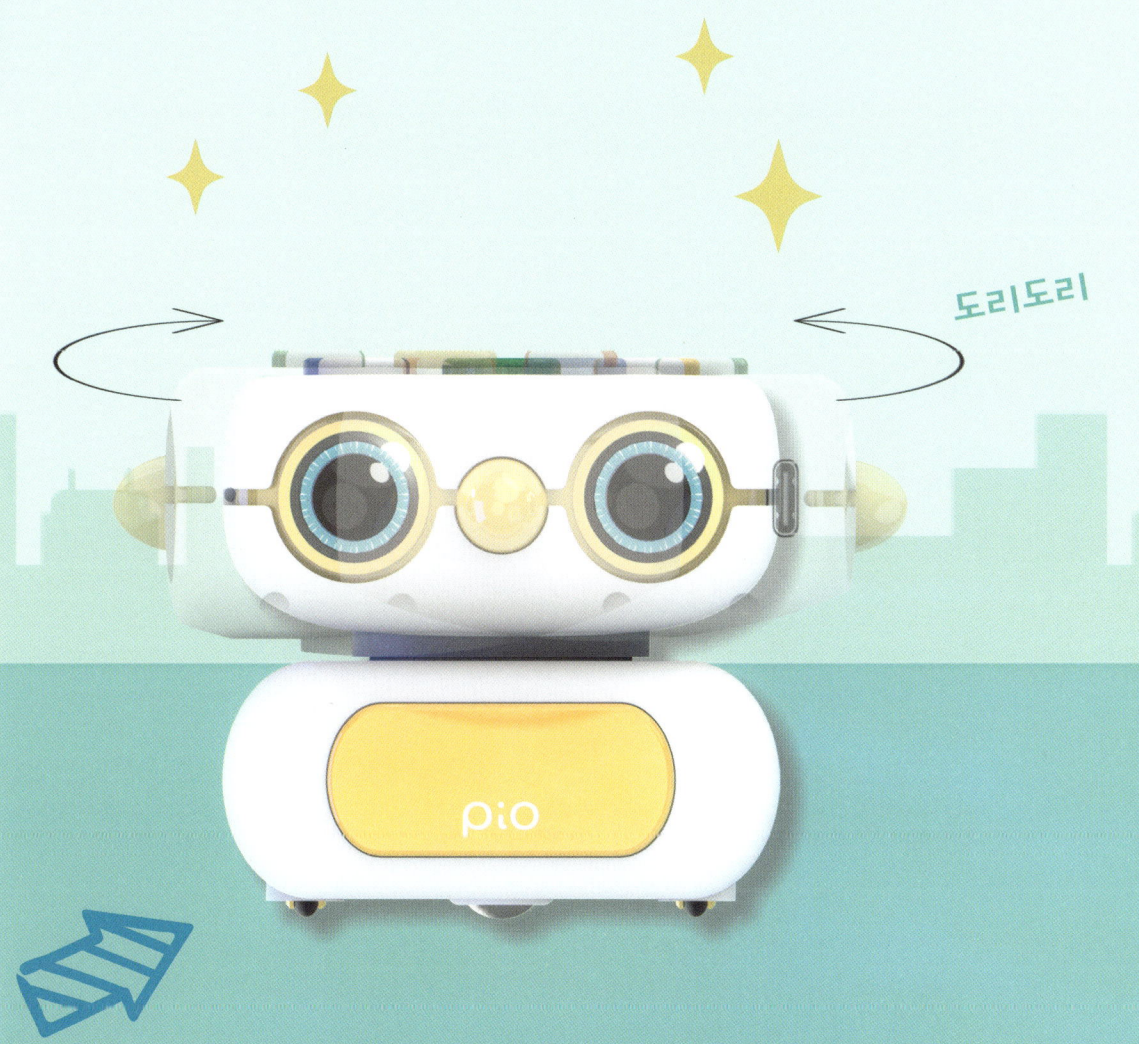

도리도리

○ 삐오 로봇에 저장된 행동 중 한 가지를 랜덤으로 실행하게 해요.
○ 이 버튼을 한 번 누르면 삐오가 소리를 내며, 머리를 움직여요. 이때 두 눈의 LED 불도 함께 켜요.

퀴즈 삐오가 머리를 흔들며 도리도리하게 할 방법은?

 20p의 활동을 하며 삐오의 네 가지 행동을 살펴보세요.

삐오가 재롱을 뽐내요

삐오를 출발에 놓고 무대가 있는 칸으로 가게 하세요. 그리고 한 가지 행동을 실행하게 하세요.

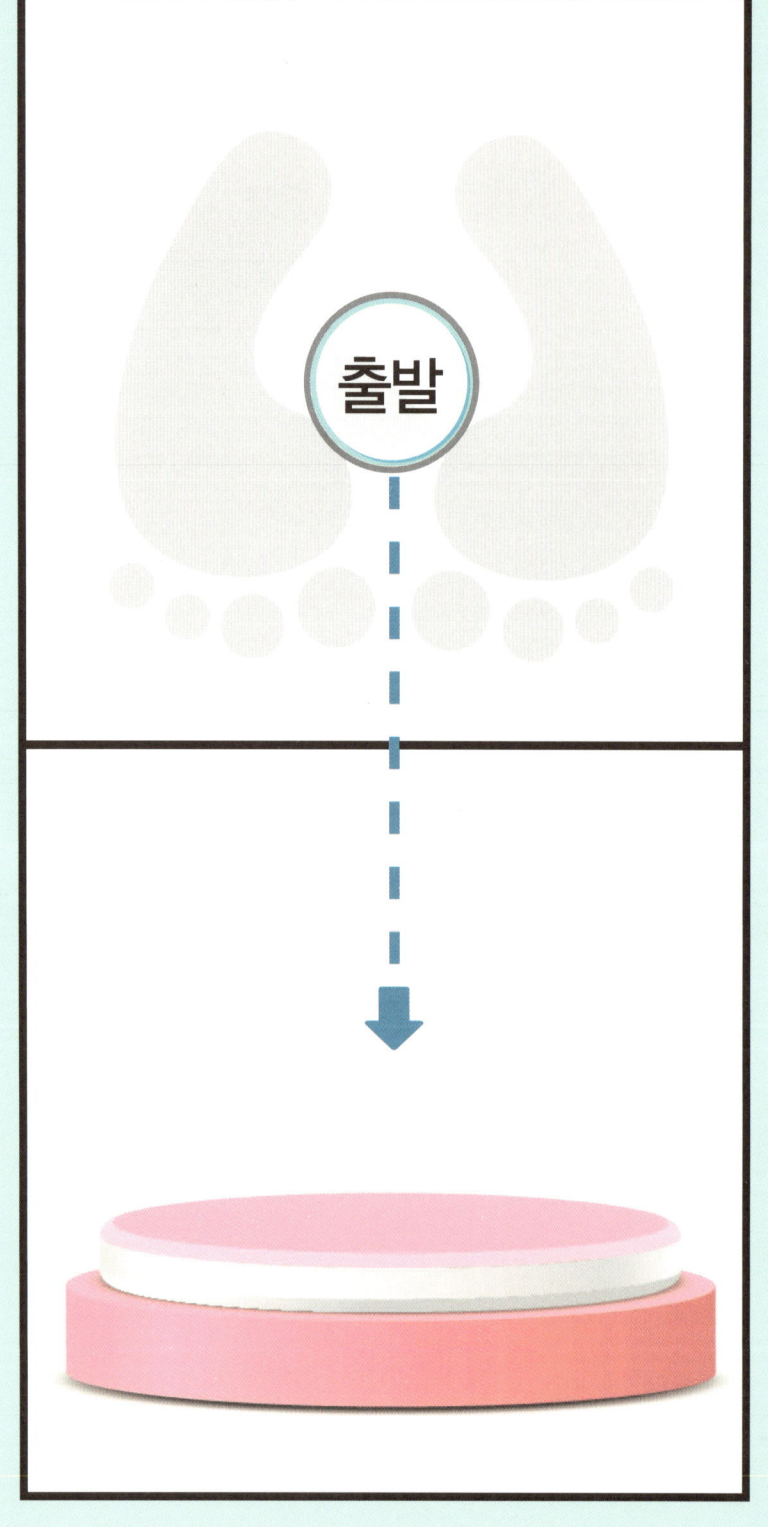
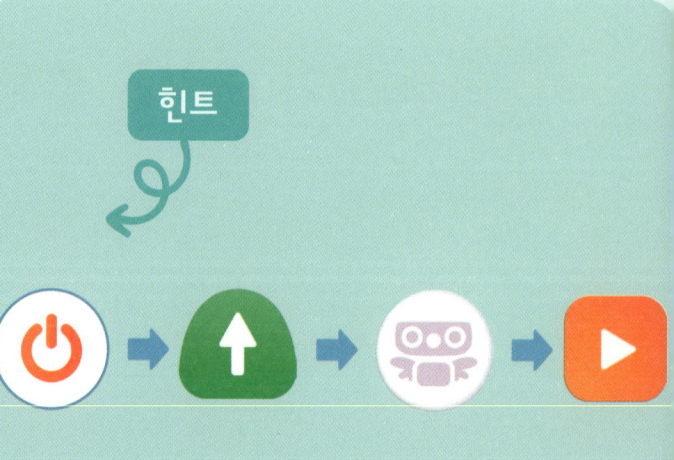

명령어를 알아봅시다

삭제하기

○ 입력된 명령어를 모두 삭제하게 해요.(길게 한 번 누르기)
○ 삐오의 작동을 멈추게 해요.(짧게 한 번 누르기)

퀴즈 오른쪽 그림처럼 삐오를 작동하려고 했는데, 코딩을 잘못했어요.

 →  →  명령어를 삭제하고 올바르게 코딩할 방법은?

힌트

  →  →

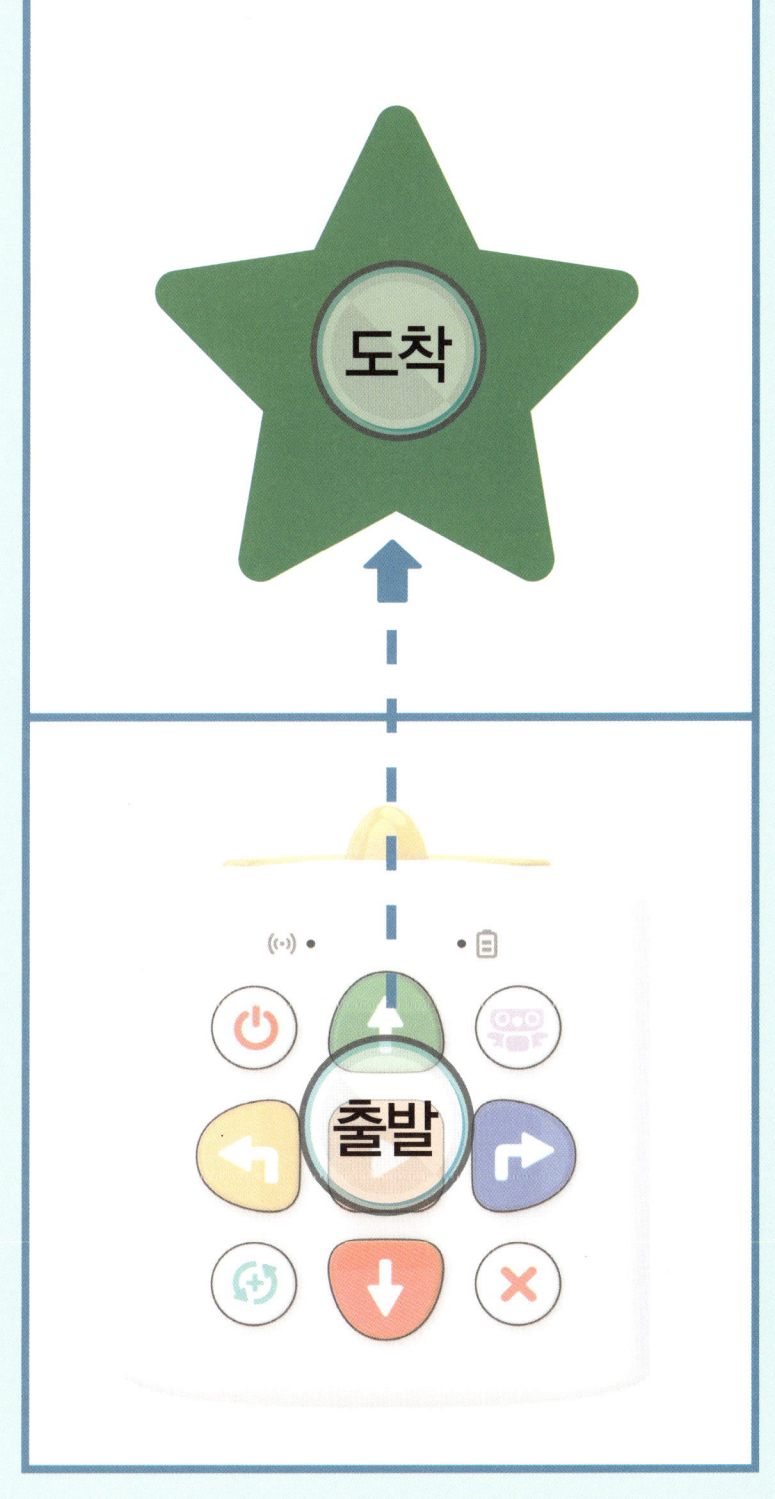

 코딩한 프로그램을 삭제해 보고 위 그림에 알맞게 코딩하세요.

글을 읽고 코딩해 보세요

새 명령어를 만들 때는 삭제 버튼을 사용하세요.

① 파란 칸에서 출발해 초록 칸으로 가기

② 빨간 칸에서 출발해 노란 칸으로 가기

③ 초록 칸에서 출발해 빨간 칸으로 가기

④ 노란 칸에서 출발해 파란 칸으로 가기

 삐오의 출발 방향을 자유롭게 정해 보세요!

		초록 칸
노란 칸	빨간 칸	파란 칸

 코딩하기 전 로봇을 손에 쥐고 글에 쓰인 대로 칸 위에서 움직여보세요.

명령어를 알아봅시다

반복하기

○ 입력한 명령어를 반복하게 해요.
○ 이 버튼을 누르는 횟수만큼 삐오는 코딩된 동작을 반복해요.

퀴즈 삐오가 앞으로 3칸 가게 할 방법은?   힌트

3번 누르기

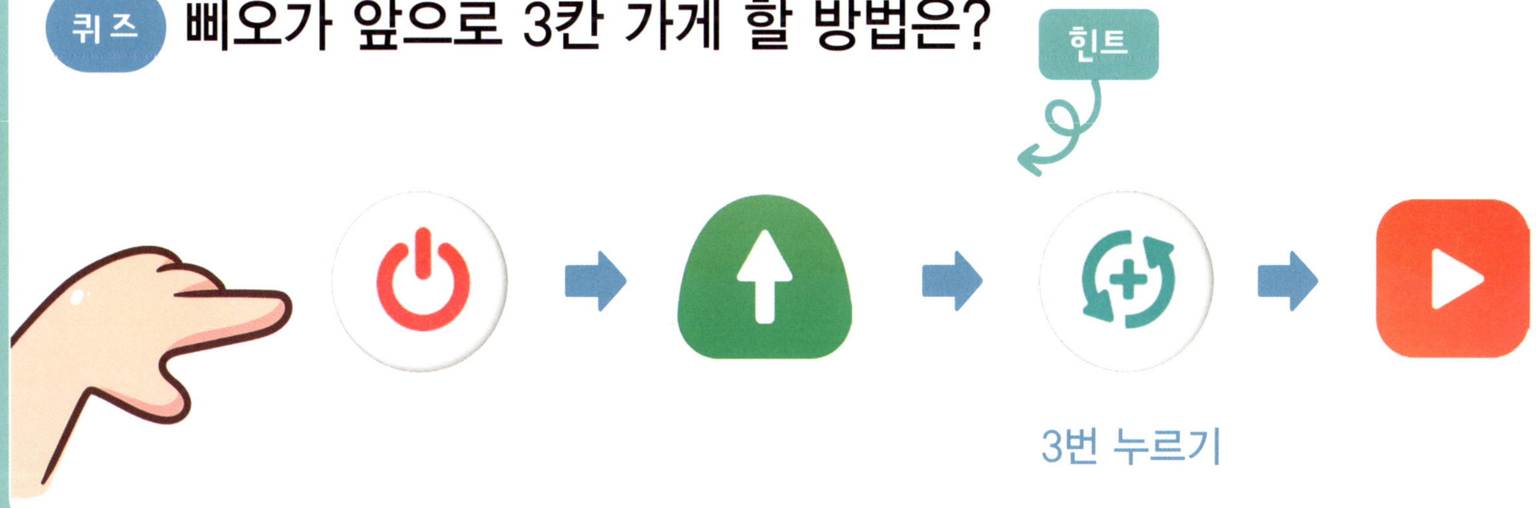

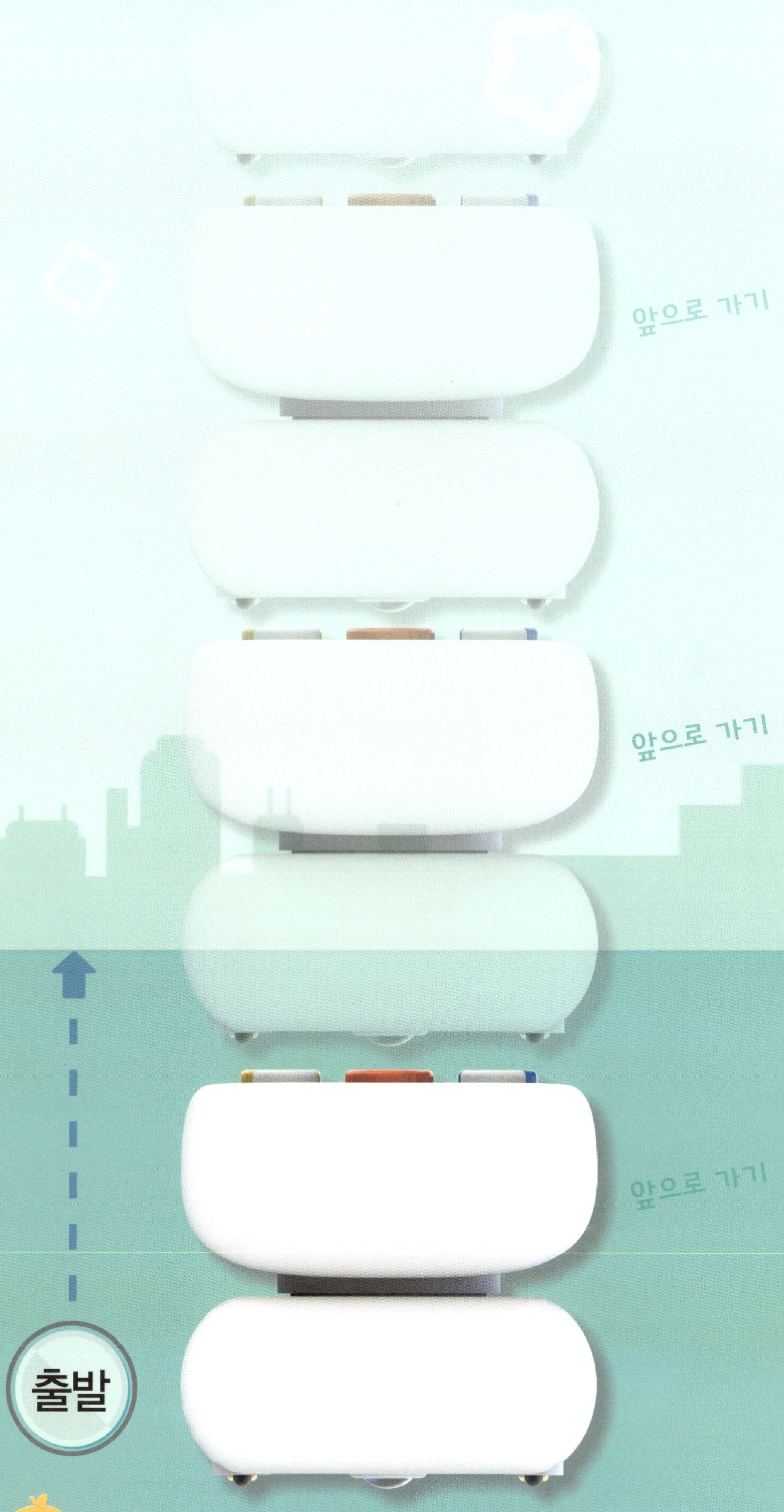

반복하기 명령어를 사용해 삐오가 다른 동작도 실행하게 해 보세요.

운동장 한 바퀴를 돌아요

삐오를 출발에 놓고 점선을 따라 한 바퀴 돌아 가게 하세요.

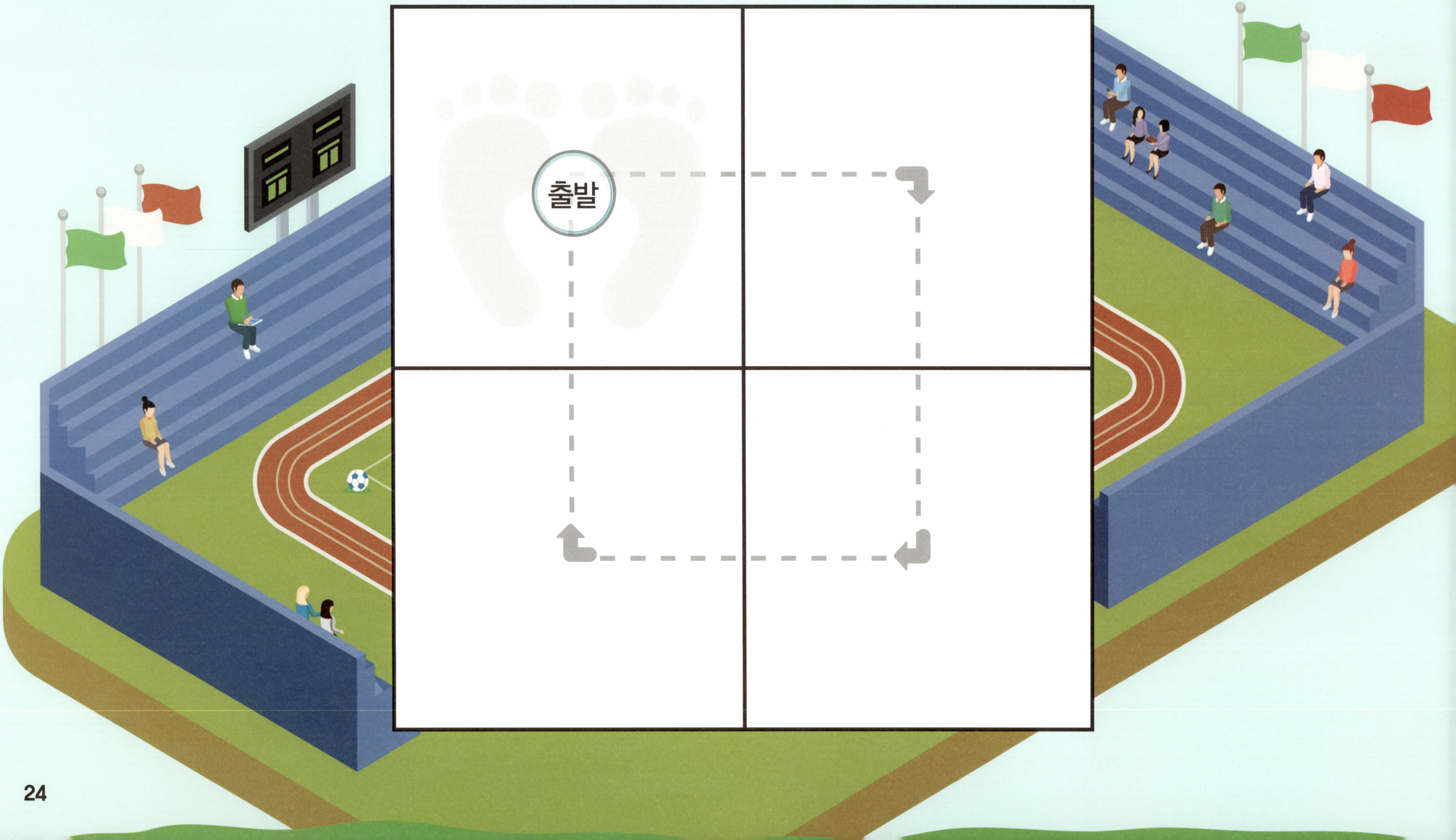

출발

이름 글자를 찾아주세요

도전해 봐요! Level 1

삐오가 자신의 이름 글자가 있는 칸으로 가게 하세요.

오

비	삐	호	우
으	밥	보	출발

삐오의 가족을 찾아주세요

도전해 봐요! Level 1

삐오를 가족이 있는 칸으로 가게 하세요.

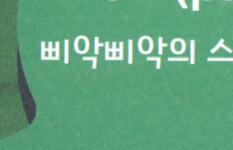
삐오(pio): 삐약삐약의 스페인어

출발점			

캐나다
Canada

영국
United Kingdom

브라질
Brazil

프랑스
France

도전해 봐요! Level 2
삐오와 여행을 해요
삐오를 내가 여행하고 싶은 나라 국기가 있는 칸으로 가게 하세요.

출발

대한민국
South Korea

이탈리아
Italy

미국
United States

도전해 봐요! Level 2

삐오와 보물 찾기

내가 갖고 싶은 보물을 정하고, 삐오를 그 보물이 있는 칸으로 가게 하세요.

먼저 갖고 싶은 보물 3가지를 말해 보세요!

최고의 왕관

정확한 모래시계

단단한 방패

사랑의 하트

만능 보물 상자

최고의 왕관

출발

만능 보물 상자

반짝 별

날아라 로켓

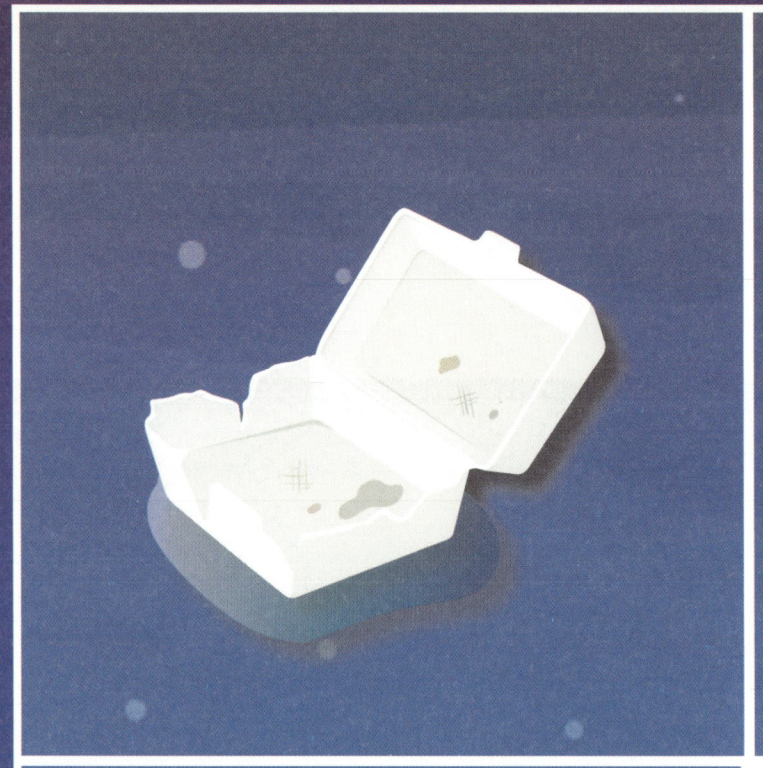

환경 보호하기

도전해 봐요! Level 3

삐오가 바다를 오염시키는 쓰레기가 있는 칸에 가서 청소하게 하세요.

청소 방법
삐오가 쓰레기 칸에 갔을 때 행동하기 명령어를 1번 실행하게 코딩하기

 Grape 포도

 Orange 오렌지

 Tomato 토마토

 Kiwi 키위

 Watermelon 수박

 Strawberry 딸기

 Peanut 땅콩

 Pumkin 호박

 Apple 사과

 Pineapple 파인애플

 Coconut 코코넛

 Lemon 레몬